AF189473

Impressum
Verlag: BABADADA GmbH, Nedderfeld 112 , 22529 Hamburg
Geschäftsführer / Verlagsleitung: Harald Hof
Druck: Books on Demand GmbH, In de Tarpen 42, 22848 Norderstedt

Imprint
Publisher: BABADADA GmbH, Nedderfeld 112 , 22529 Hamburg, Germany
Managing Director / Publishing direction: Harald Hof
Print: Books on Demand GmbH, In de Tarpen 42, 22848 Norderstedt

مدرسه
l'école

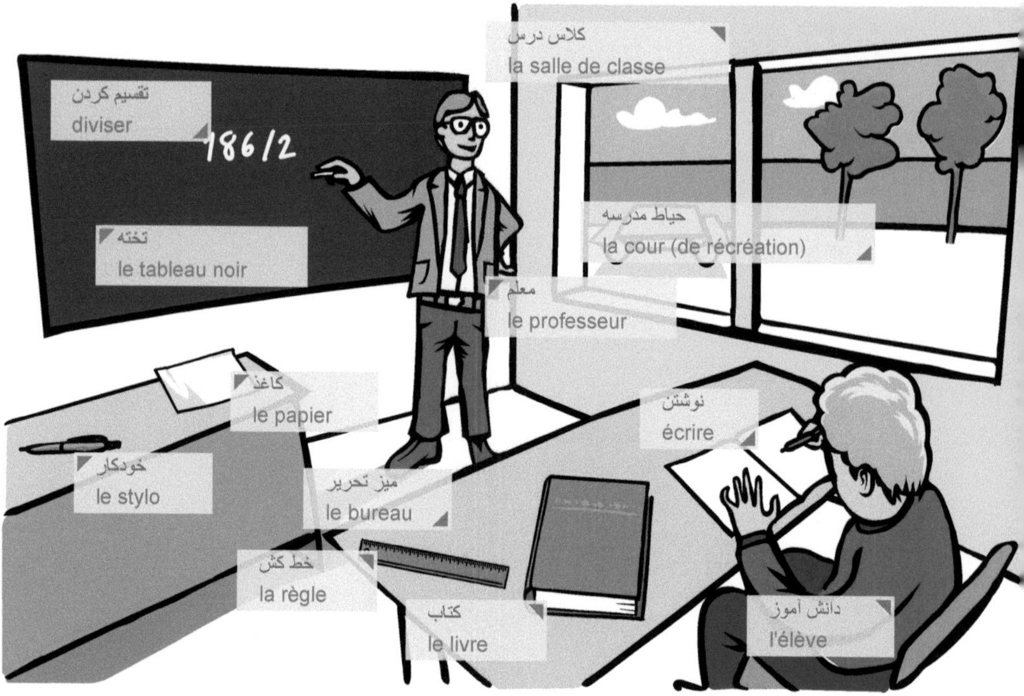

کلاس درس
la salle de classe
تقسیم کردن
diviser
186/2
تخته
le tableau noir
حیاط مدرسه
la cour (de récréation)
معلم
le professeur
کاغذ
le papier
نوشتن
écrire
خودکار
le stylo
میز تحریر
le bureau
خط کش
la règle
کتاب
le livre
دانش آموز
l'élève

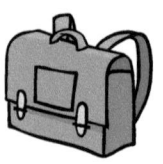

کیف مدرسه

le cartable

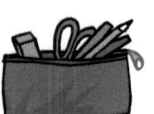

جامدادی

la trousse

مداد

le crayon

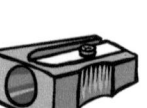

تراش

le taille-crayon

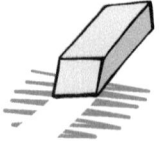

پاک کن

la gomme

دفتر رسم

le carnet à dessin

طراحی

le dessin

قلم مو

le pinceau

جعبه ى آبرنگ

la boîte de peinture

قیچی

les ciseaux

چسب

la colle

کتاب تمرین

le cahier d'exercices

تکلیف خانه

les devoirs

12

رقم

le chiffre

2+2

جمع کردن

additionner

5-2

تفریق کردن

soustraire

2×2

ضرب کردن

multiplier

محاسبه کردن

calculer

A

حرف الفبا

la lettre

ABCDEFG
HIJKLMN
OPQRSTU
VWXYZ

الفبا

l'alphabet

کلمه

le mot

متن
....
le texte

خواندن
....
lire

گچ
....
la craie

درس
....
la leçon

ثبت نام
....
le livre de classe

امتحان
....
l'examen

مدرک رسمی
....
le certificat

لباس مدرسه
....
l'uniforme scolaire

تحصيلات
....
la formation

دانشنامه
....
le lexique

دانشگاه
....
l'université

ميکروسکوپ
....
le microscope

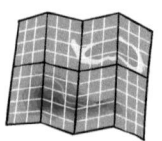

نقشه
....
la carte

سبد کاغذ باطله
....
la corbeille à papier

سفر

le voyage

هتل
l'hôtel
Grand
مسافرخانه
l'auberge
ROOMS
صرافی
le bureau de change
CHANGE
چمدان
la valise
اتومبیل
la voiture

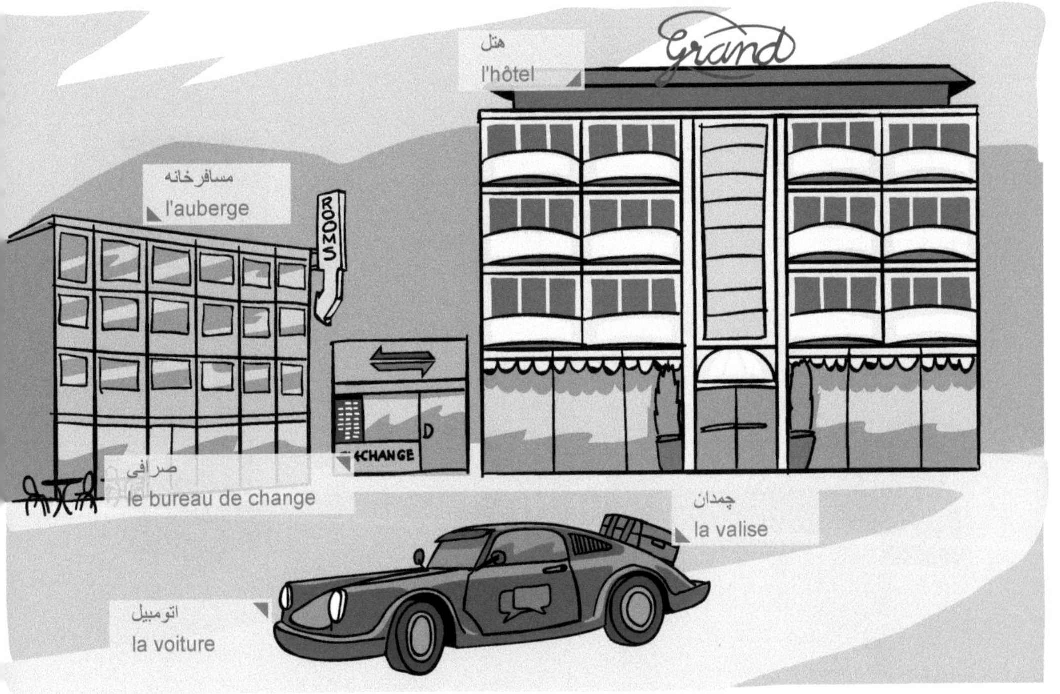

زبان

la langue

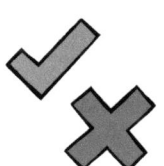

بله / خیر

oui / non

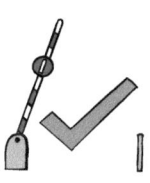

اُکی

d'accord

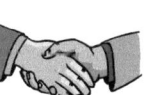

سلام

Salut

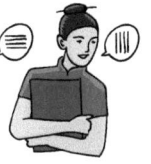

مترجم

l'interprète

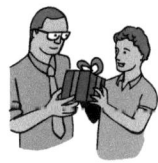

ممنون

merci

قیمت ... چه قدر است؟

Combien coûte...?

من متوجه نمی شوم

Je ne comprends pas

مشکل

le problème

عصر بخیر! / شب بخیر!

Bonsoir !

صبح بخیر!

Bonjour !

شب بخیر!

Bonne nuit !

خدانگهدار

Au revoir

جهت

la direction

بار سفر

les bagages

کیف

le sac

کوله پشتی

le sac-à-dos

مهمان

l'hôte

اتاق

la pièce

کیسه خواب

le sac de couchage

خیمه

la tente

مرکز راهنمای گردشگران

l'office de tourisme

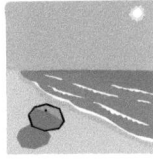

ساحل

la plage

کارت اعتباری

la carte de crédit

صبحانه

le petit-déjeuner

نهار

le déjeuner

شام

le dîner

بلیط

le billet

آسانسور

l'ascenseur

مهر

le timbre

مرز

la frontière

گمرک

la douane

سفارتخانه

l'ambassade

ویزا

le visa

گذرنامه

le passeport

حمل و نقل

le transport

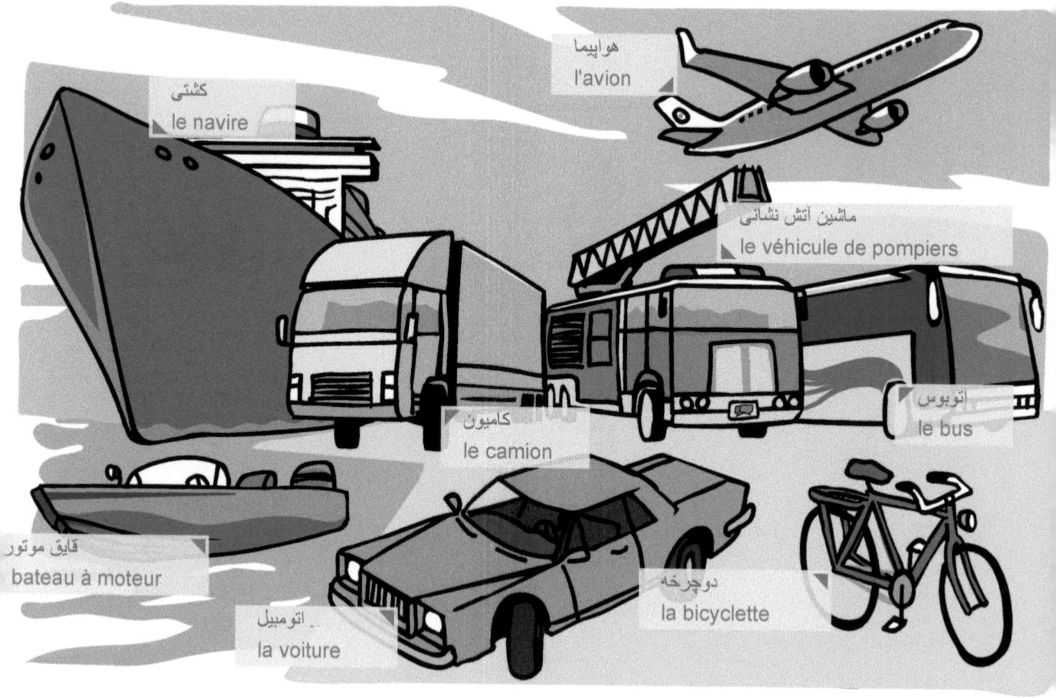

هواپیما
l'avion
کشتی
le navire
ماشین آتش نشانی
le véhicule de pompiers
اتوبوس
le bus
کامیون
le camion
قایق موتور
bateau à moteur
دوچرخه
la bicyclette
اتومبیل
la voiture

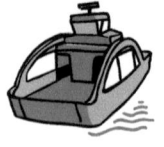

کشتی مسافربری

le ferry

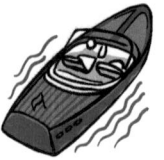

قایق

la barque

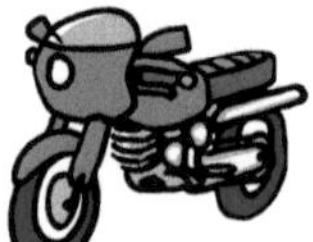

موتورسیکلت

la moto

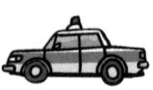

ماشین پلیس

la voiture de police

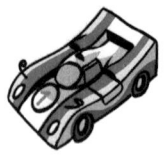

ماشین مسابقه

la voiture de course

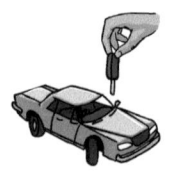

ماشین کرایه ای

la voiture de location

به اشتراک گذاری اتوموبیل

l'auto-partage

جرثقیل

la voiture de remorquage

ماشین حمل زباله

la benne à ordures

موتور

le moteur

بنزین

l'essence

پمپ بنزین

la station d'essence

تابلو راهنمایی و رانندگی

le panneau indicateur

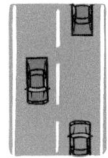

عبور و مرور

le trafic

ترافیک

l'embouteillage

پارکینگ

le parking

ایستگاه قطار

la gare

ریل راه آهن

les rails

قطار

le train

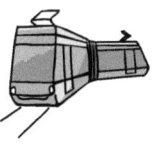

قطار برقی

le tramway

واگن

le wagon

هليكوپتر

l'hélicoptère

فرودگاه

l'aéroport

برج

la tour

مسافر

le passager

كانتينر

le conteneur

كارتن

le carton

گاری

le chariot

سبد

la corbeille

به پرواز درآمدن / فرود آمدن

décoller / atterrir

شهر
la ville

دهکده

le village

مرکز شهر

le centre-ville

خانه

la maison

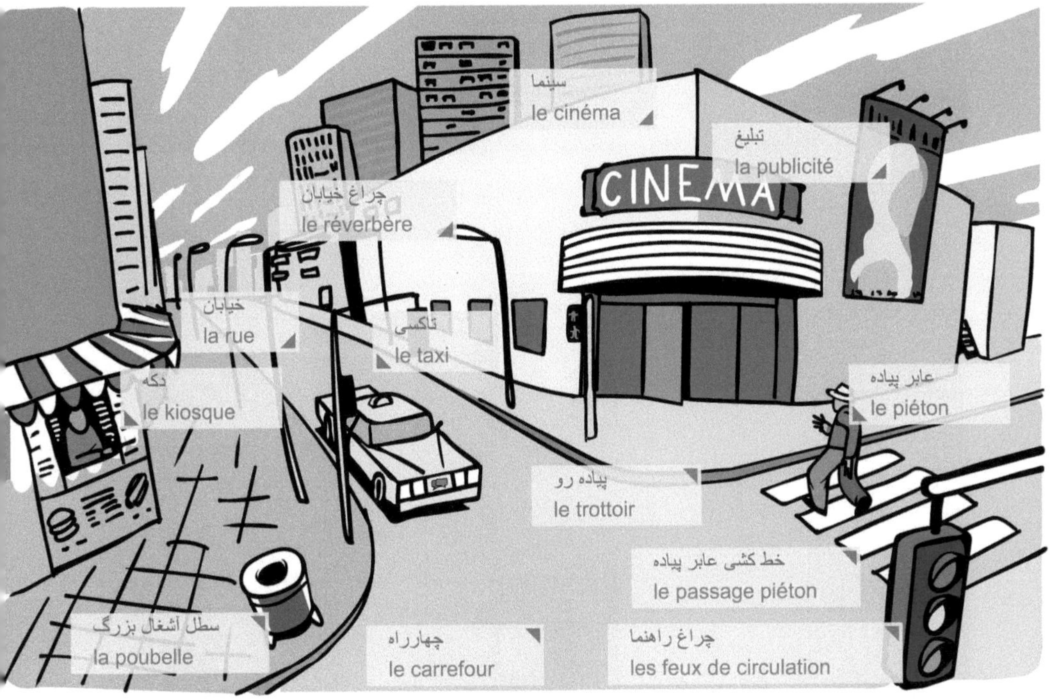
سینما
le cinéma
تبلیغ
la publicité
چراغ خیابان
le réverbère
CINEMA
خیابان
la rue
تاکسی
le taxi
دکه
le kiosque
عابر پیاده
le piéton
پیاده رو
le trottoir
خط کشی عابر پیاده
le passage piéton
سطل آشغال بزرگ
la poubelle
چهارراه
le carrefour
چراغ راهنما
les feux de circulation

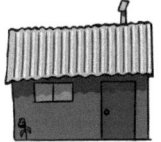

کلبه

la cabane

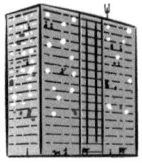

آپارتمان

l'appartement

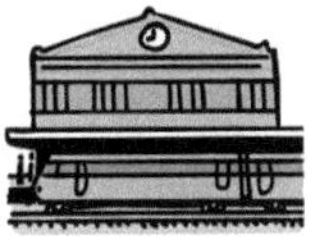

ایستگاه قطار

la gare

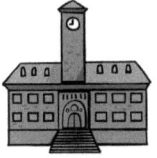

ساختمان شهرداری

la mairie

MUSEUM

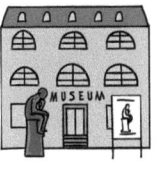

موزه

le musée

مدرسه

l'école

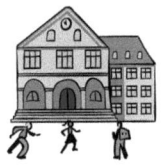

دانشگاه

l'université

بانک

la banque

بیمارستان

l'hôpital

هتل

l'hôtel

داروخانه

la pharmacie

اداره

le bureau

کتابفروشی

la librairie

مغازه

le magasin

گل فروشی

le fleuriste

سوپرمارکت

le supermarché

بازار

le marché

فروشگاه بزرگ

le grand magasin

ماهی فروش

la poissonnerie

مرکز خرید

le centre commercial

بندر

le port

پارک

le parc

نیمکت

la banque

پل

le pont

پله

les escaliers

مترو

le métro

تونل

le tunnel

ایستگاه اتوبوس

l'arrêt de bus

میخانه

le bar

رستوران

le restaurant

صندوق پست

la boîte à lettres

تابلوی خیابان

le panneau indicateur

دستگاه پارکومتر

le parcmètre

باغ وحش

le zoo

استخر شنای عمومی

le réverbère

مسجد

la mosquée

شهر - la ville

مزرعه

la ferme

آلودگی محیط زیست

la pollution

قبرستان

la cimetière

کلیسا

l'église

زمین بازی

l'aire de jeux

معبد

le temple

چشم انداز

le paysage

برگ
la feuille

تابلوی راهنمای مسیر
le panneau indicateur

راه
le chemin

چمنزار
le pré

سنگ
la pierre

درخت
l'arbre

راه نورد
le randonneur

رودخانه
la rivière

چمن
l'herbe

گل
la fleur

دره
....
la vallée

تپه
....
la montagne

دریاچه
....
le lac

جنگل
....
la forêt

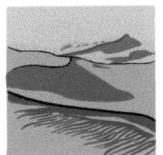

بیابان
....
le désert

کوه آتشفشان
....
le volcan

قلعه
....
le château

رنگین کمان
....
l'arc-en-ciel

قارچ
....
le champignon

درخت نخل
....
le palmier

پشه
....
le moustique

مگس
....
la mouche

مورچه
....
les fourmis

زنبور
....
l'abeille

عنکبوت
....
l'araignée

سوسک

le coléoptère

قورباغه

la grenouille

سنجاب

l'écureuil

جوجه تیغی

le hérisson

خرگوش صحرایی

le lièvre

جغد

la chouette

پرنده

l'oiseau

قو

le cygne

گراز

le sanglier

گوزن نر

le cerf

گوزن شمالی

l'élan

سد آب

le barrage

توربین بادی

l'éolienne

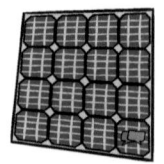

صفحه ی خورشیدی

le panneau solaire

آب و هوا

le climat

رستوران

le restaurant

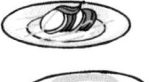

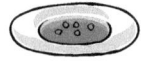

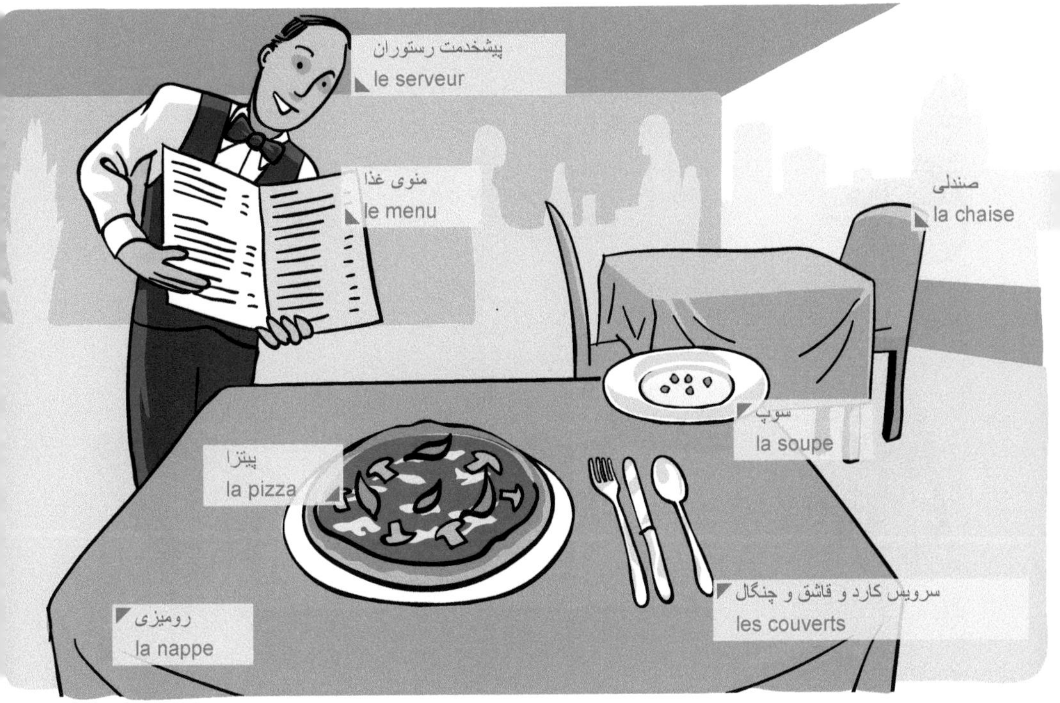
پیشخدمت رستوران
le serveur
منوی غذا
le menu
صندلی
la chaise
سوپ
la soupe
پیتزا
la pizza
سرویس کارد و قاشق و چنگال
les couverts
رومیزی
la nappe

پیش‌غذا
....
les hors d'œuvre

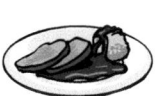

غذای اصلی
....
le plat principal

دسر
....
le dessert

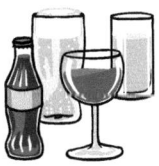

نوشیدنی ها
....
les boissons

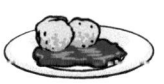

غذا
....
l'alimentation

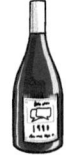

بطری
....
la bouteille

فست فود

le fast-food

اغذیه خیابانی

les plats à emporter

قوری

la théière

قندان

le sucrier

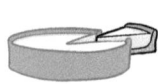

پُرس غذا

la portion

دستگاه اسپرسو

la machine à expresso

صندلی پایه بلند غذاخوری بچه

la chaise haute

صورتحساب

la facture

سینی

le plateau

چاقو

le couteau

چنگال

la fourchette

قاشق

la cuillère

قاشق چایخوری

la cuillère à thé

دستمال سفره

la serviette

لیوان

le verre

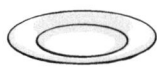

بشقاب
....
l'assiette

بشقاب سوپخورى
....
l'assiette à soupe

نعلبكى
....
la soucoupe

سس
....
la sauce

نمكدان
....
la salière

فلفل ساب
....
le moulin à poivre

سركه
....
le vinaigre

روغن خوراكى
....
l'huile

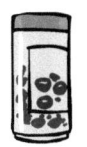

ادويه جات
....
les épices

سس كچاپ
....
le ketchup

سس خردل
....
la moutarde

سس مايونز
....
la mayonnaise

سوپرمارکت

le supermarché

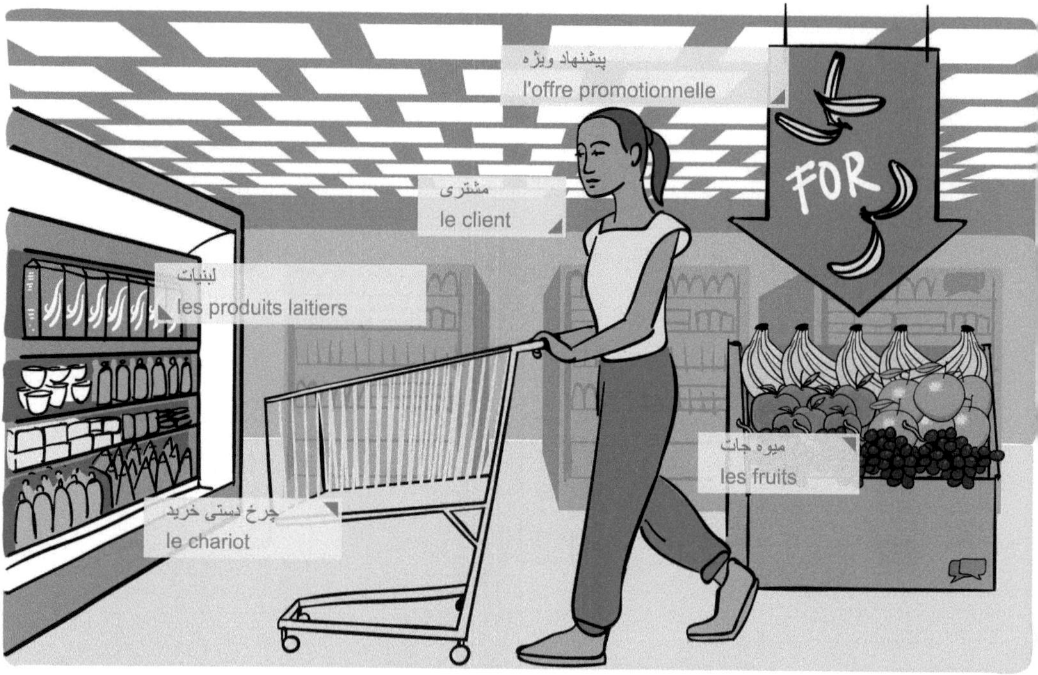
پیشنهاد ویژه
l'offre promotionnelle
FOR
مشتری
le client
لبنیات
les produits laitiers
میوه جات
les fruits
چرخ دستی خرید
le chariot

BUTCHERS

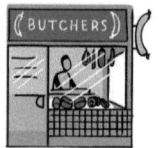

قصابی

....

la boucherie

BAKERY

نانوایی

....

la boulangerie

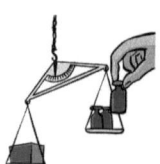

وزن کردن

....

peser

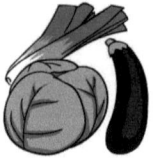

سبزیجات

....

les légumes

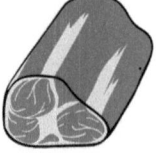

گوشت

....

la viande

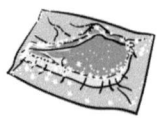

غذای منجمد

....

les aliments surgelés

مخلوطی از انواع کالباس یا پنیر که
ورقه ای بریده شده باشند

la charcuterie

غذای کنسروی

les conserves

پودر لباسشویی

la poudre à lessive

شیرینی جات

les bonbons

لوازم خانگی

les articles ménagers

ماده شوینده و پاک کننده

les détergents

فروشنده

la vendeuse

صندوق پرداخت

la caisse

صندوقدار

le caissier

لیست خرید

la liste d'achats

ساعات کار

les heures d'ouverture

کیف پول

le portefeuille

کارت اعتباری

la carte de crédit

کیف

le sac

کیسه ی پلاستیکی

le sac en plastique

آب
l'eau

آبمیوه
le jus de fruit

شیر
le lait

نوشابه کوکاکولا
le coca

شراب
le vin

آبجو
la bière

الکل
l'alcool

کاکائو
le chocolat chaud

چای
le thé

قهوه
le café

قهوه اسپرسو
l'expresso

کاپوچینو
le cappuccino

l'alimentation

موز
....
la banane

سیب
....
la pomme

پرتقال
....
l'orange

انواع هندوانه و خربزه
....
le melon

لیمو
....
le citron.

هویج
....
la carotte

سیر
....
l'ail

نی بامبو
....
le bambou

پیاز
....
l'oignon

قارچ
....
le champignon

آجیل
....
les noisettes

ماکارونی
....
les pâtes

اسپاگتى

les spaghetti

برنج

le riz

سالاد

la salade

سيب زمينى سرخ كرده

les pommes frites

سيب زمينى سرخ شده

les pommes de terre rôties

پيتزا

la pizza

همبرگر

le hamburger

ساندويچ

le sandwich

شنيتسل

l'escalope

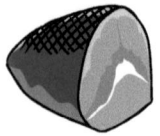

ژامبون خوك

le jambon

سالامى

le salami

سوسيس

la saucisse

مرغ

le poulet

نوعى گوشت سرخ شده

le rôti

ماهى

le poisson

جوی پرک شده

les flocons d'avoine

نوعی صبحانه مخلوطی از برگه ذرت و
میوه های خشک شده و خشکبار که
معمولا با شیر خورده می شود
le muesli

کورنفلکس

les cornflakes

آرد

la farine

کرواسان

le croissant

نان بروتشن

les petits-pains

نان

le pain

نان تست

le pain grillé

بیسکویت

les biscuits

کره

le beurre

کشک

le fromage blanc

کیک

le gâteau

تخم مرغ

l'œuf

تخم مرغ نیمرو

l'œuf au plat

پنیر

le fromage

بستنى

la glace

شكر

le sucre

عسل

le miel

مربا

la confiture

كرم شكلاتى بادامى

la crème nougat

ادويه كارى

le curry

مزرعه
la ferme

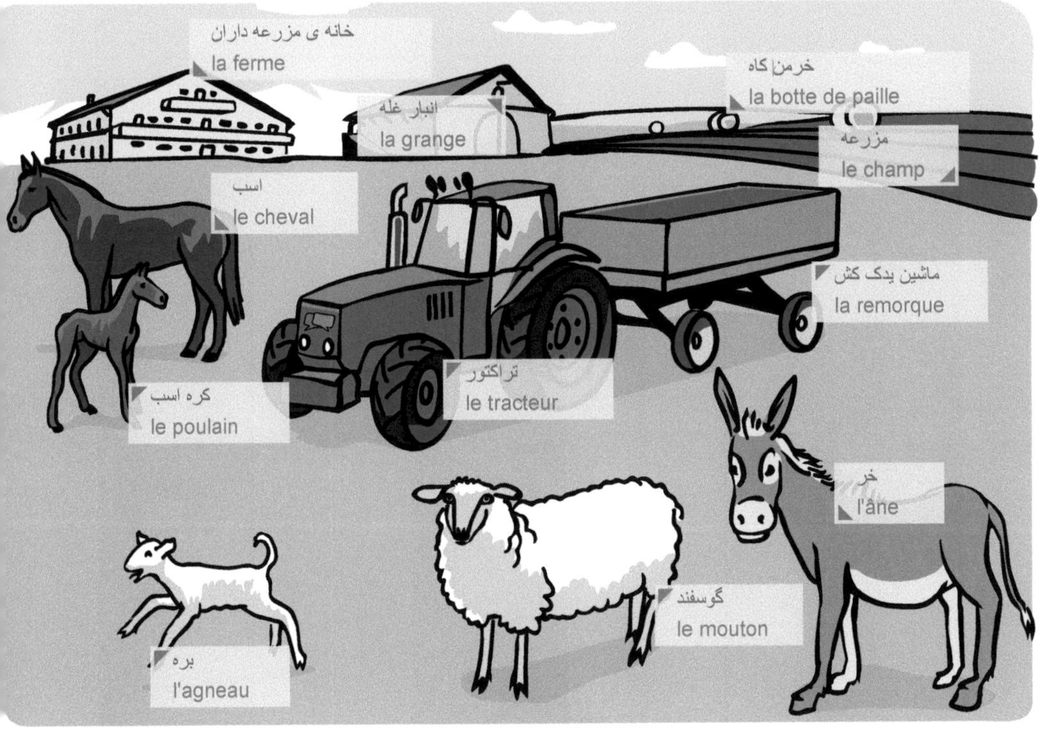
خانه ی مزرعه داران
la ferme
انبار غله
la grange
خرمن گاه
la botte de paille
مزرعه
le champ
اسب
le cheval
ماشین یدک کش
la remorque
تراکتور
le tracteur
کره اسب
le poulain
خر
l'âne
گوسفند
le mouton
بره
l'agneau

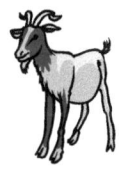

بز
....
la chèvre

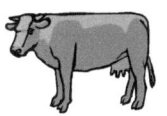

گاو ماده
....
la vache

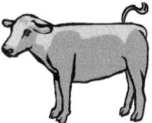

گوساله
....
le veau

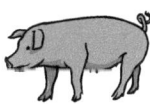

خوک
....
le porc

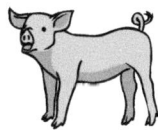

بچه خوک
....
le porcelet

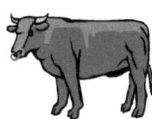

گاو نر
....
le taureau

غاز
....
l'oie

اردک
....
le canard

جوجه
....
le poussin

مرغ
....
la poule

خروس
....
le coq

موش صحرایی
....
le rat

گربه
....
le chat

موش
....
la souris

گاو نر اخته
....
le bœuf

سگ
....
le chien

لانه ی سگ
....
le chenil

شلنگ باغبانی
....
le tuyau de jardin

آبپاش
....
l'arrosoir

داس دسته بلند
....
la faucheuse

گاوآهن
....
la charrue

داس
....
la faucille

کج بیل
....
la pioche

چنگک باغبانی
....
la fourche

تبر
....
la hache

فرقون
....
la brouette

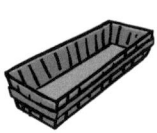

آبشخور
....
la cuve

بطری نگهداری شیر
....
le pot à lait

کیسه
....
le sac

حصار
....
la clôture

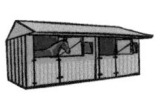

اصطبل
....
l'étable

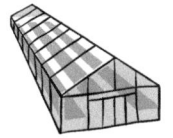

گلخانه
....
le serre

خاک
....
le sol

بذر
....
les semences

کود
....
l'engrais

ماشین کمباین
....
la moissonneuse-batteuse

برداشت کردن محصول

récolter

محصول

la récolte

تمیس

l'igname

گندم

le blé

سویا

le soja

سیب زمینی

la pomme de terre

ذرت

le maïs

کلزا

le colza

درخت میوه

l'arbre fruitier

گیاه مانیوک

le manioc

غلات

les céréales

خانه

la maison

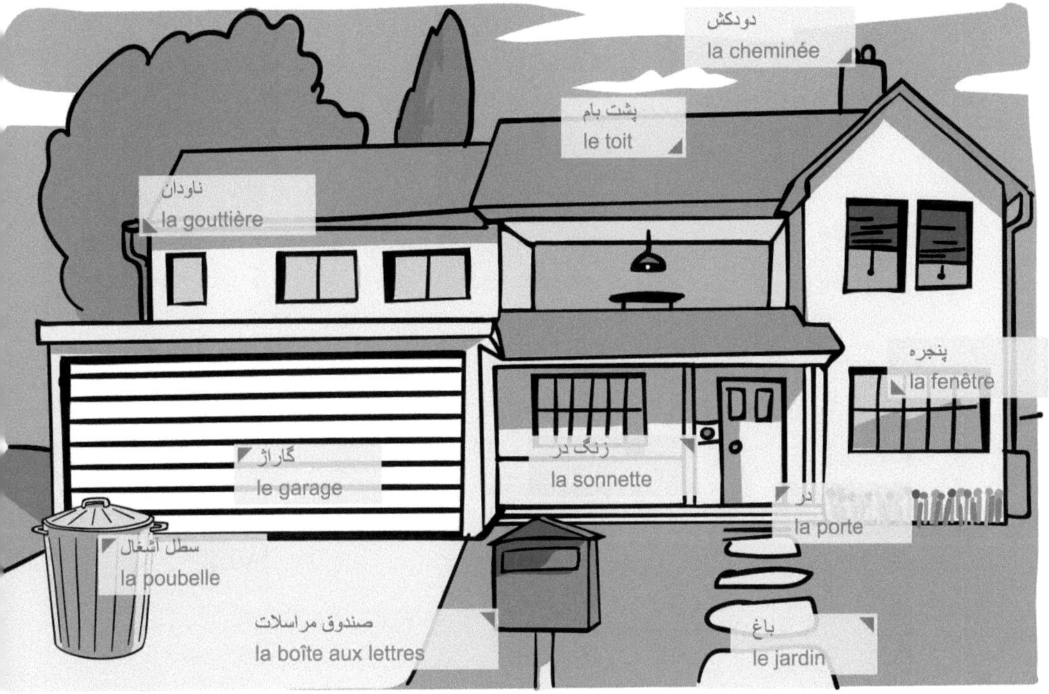
دودکش
la cheminée
پشت بام
le toit
ناودان
la gouttière
پنجره
la fenêtre
گاراژ
le garage
زنگ در
la sonnette
در
la porte
سطل آشغال
la poubelle
صندوق مراسلات
la boîte aux lettres
باغ
le jardin

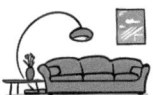

اتاق نشیمن

le salon

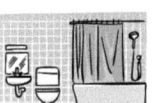

حمام

la salle de bain

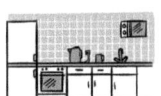

آشپزخانه

la cuisine

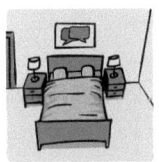

اتاق خواب

la chambre à coucher

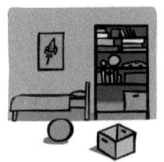

اتاق بچه

la chambre d'enfant

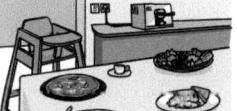

ناهارخوری

la salle à manger

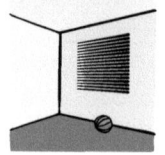

كف زمين

le sol

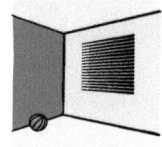

ديوار

le mur

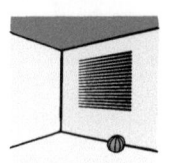

سقف

le plafond

زيرزمين

la cave

سونا

le sauna

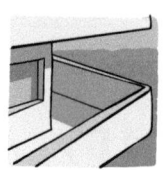

بالكن

le balcon

تراس

la terrasse

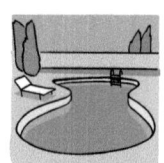

استخر

la piscine

ماشين چمن‌زنى

la tondeuse à gazon

ملافه

la housse

روتختى

la couette

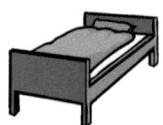

تخت خواب

le lit

جارو

le balai

سطل

le sceau

سويچ يا كليد

l'interrupteur

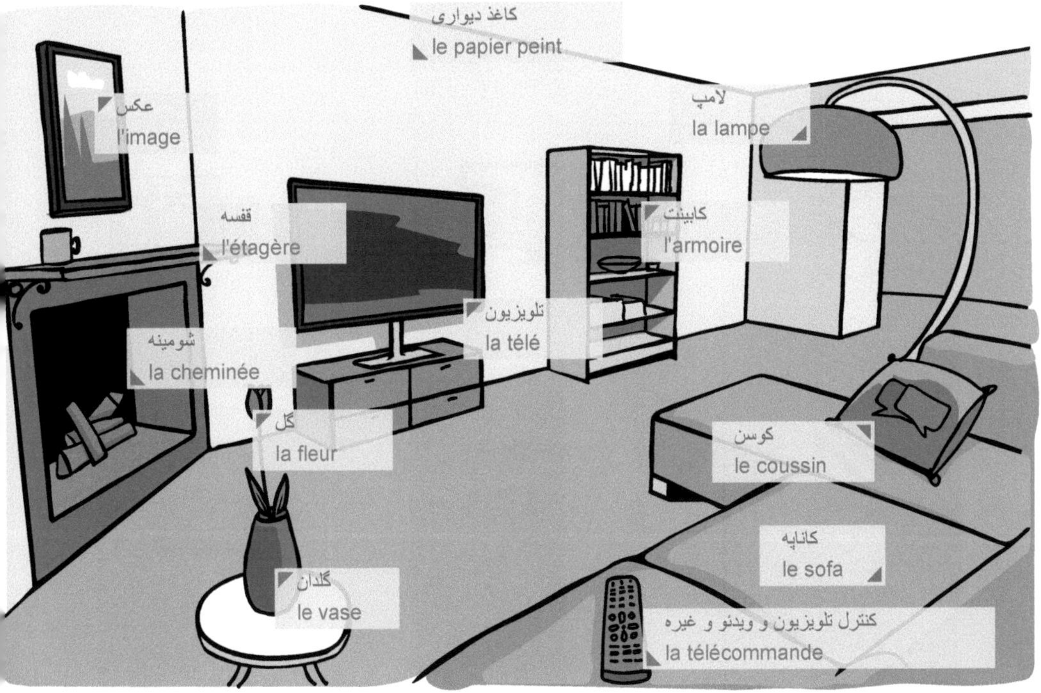

کاغذ دیواری
le papier peint

عکس
l'image

لامپ
la lampe

قفسه
l'étagère

کابینت
l'armoire

تلویزیون
la télé

شومینه
la cheminée

گل
la fleur

کوسن
le coussin

گلدان
le vase

کاناپه
le sofa

کنترل تلویزیون و ویدئو و غیره
la télécommande

فرش
le tapis

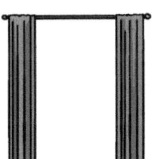

پرده
le rideau

میز
la table

صندلی
la chaise

صندلی گهواره ایی
la chaise à bascule

صندلی راحتی
le fauteuil

كتاب

le livre

لحاف

la couverture

دكوراسيون

la décoration

هيزم

le bois de chauffage

فيلم

le film

دستگاه ضبط صوت

la chaîne hi-fi

كليد

la clé

روزنامه

le journal

تابلو نقاشى

la peinture

پوستر

le poster

راديو

la radio

دفترچه يادداشت

le bloc-notes

جاروبرقى

l'aspirateur

كاكتوس

le cactus

شمع

la bougie

la cuisine

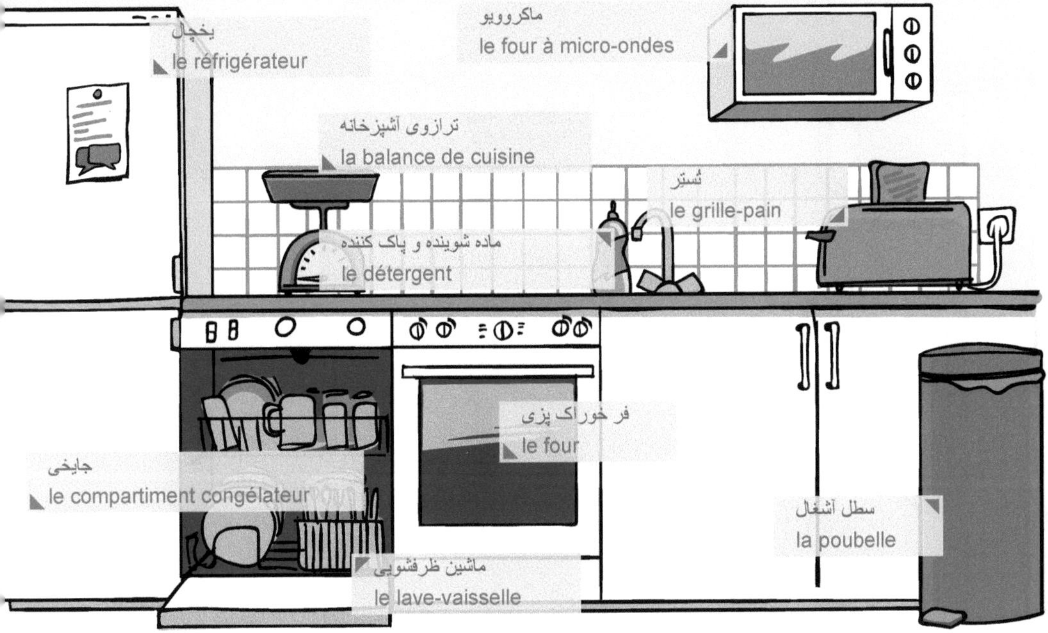

یخچال
le réfrigérateur

ماکروویو
le four à micro-ondes

ترازوی آشپزخانه
la balance de cuisine

تُستر
le grille-pain

ماده شوینده و پاک کننده
le détergent

فر خوراک پزی
le four

جایخی
le compartiment congélateur

سطل آشغال
la poubelle

ماشین ظرفشویی
le lave-vaisselle

اجاق گاز	قابلمه	قابلمه چدنی
le four	la casserole	la marmite
ماهی تابه گود	ماهی تابه	کتری
le wok / kadai	la poêle	la bouilloire electrique

بخارپز

le cuiseur vapeur

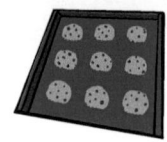

سینی فر

la plaque de cuisson

ظرف چینی آشپزخانه

la vaisselle

لیوان

le gobelet

کاسه

la coupe

چاپستیک

les baguettes

ملاقه

la louche

کفگیر

la spatule

همزن

le fouet

آبکش

la passoire

آبکش

le tamis

رنده

la râpe

هاون

le mortier

باربیکیو

le barbecue

محل مخصوص افروختن آتش

la cheminée

تخته گوشت و سبزی

la planche à découper

وردنه

le rouleau à pâtisserie

در بطری بازکن

le tire-bouchon

قوطی

la boîte

در قوطی بازکن

l'ouvre-boîte

دستگیره پارچه ای

les maniques

سینک ظرفشویی

le lavabo

برس گردگیری

la brosse

اسفنج

l'éponge

مخلوط کن

le mixeur

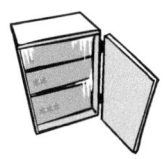

فریزر

le congélateur

شیشه شیر بچه

le biberon

شیر آب

le robinet

حمام

la salle de bain

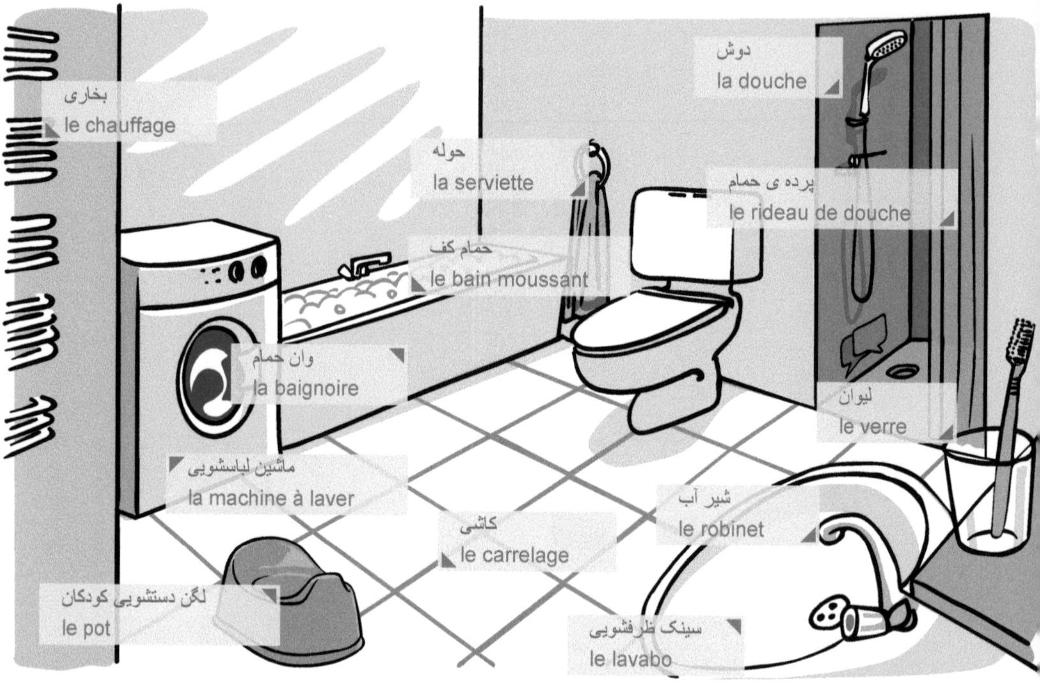

بخاری
le chauffage
حوله
la serviette
دوش
la douche
پرده ی حمام
le rideau de douche
حمام کف
le bain moussant
وان حمام
la baignoire
لیوان
le verre
ماشین لباسشویی
la machine à laver
کاشی
le carrelage
شیر آب
le robinet
لگن دستشویی کودکان
le pot
سینک ظرفشویی
le lavabo

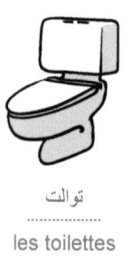

توالت

les toilettes

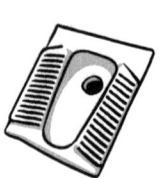

توالت ایرانی

la toilette à la turque

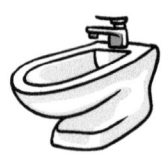

کاسه توالت

le bidet

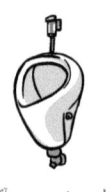

توالت مخصوص آقایان

l'urinoir

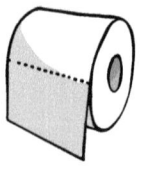

دستمال توالت

le papier toilette

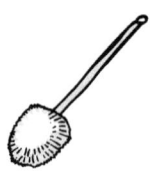

فرچه توالت

la brosse à toilette

مسواک

la brosse à dents

خمیردندان

le dentifrice

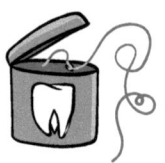

نخ دندان

le fil dentaire

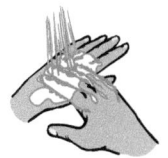

شستن

laver

دوش آب تلفنی

la douche manuelle

شلنگ توالت

la douche intime

لگن روشویی

la vasque

برس شست و شوی پشت

la brosse dorsale

صابون

le savon

شامپو بدن

le gel douche

شامپو

le shampooing

لیف حمام

le gant de toilette

راه آب

l'écoulement

کرم

la crème

اسپری دئودورانت

le déodorant

آيينه

le miroir

آيينه ى كوچك دستى

le miroir cosmétique

تيغ ريش تراشى

le rasoir

كف ريش‌تراشى

la mousse à raser

آفترشيو

l'après-rasage

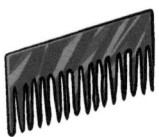

شانه ى سر

la peigne

برس

la brosse

سشوار

le sèche-cheveux

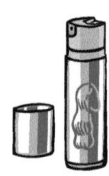

اسپرى مو

la laque pour cheveux

آرايش

le fond de teint

رژلب

le rouge à lèvres

لاك ناخن

le vernis à ongles

پنبه

l'ouate

قيچى ناخن

le coupe-ongles

عطر

le parfum

کیف لوازم آرایشی و بهداشتی

la trousse de toilette

چهارپایه

le tabouret

ترازو

le pèse-personne

حوله ی پالتویی

le peignoir

دستکش ظرفشویی

les gants de nettoyage

تامپون

le tampon

نوار بهداشتی

les serviettes hygiéniques

توالت سیار

la toilette chimique

اتاق بچه
la chambre d'enfant

ساعت زنگدار
le réveil
نوعی عروسک نرم به شکل حیوانات
le doudou
ماشین اسباب بازی
la voiture jouet
جغجغه
le hochet
خانه ی عروسکی
la maison de poupée
کادو
le cadeau

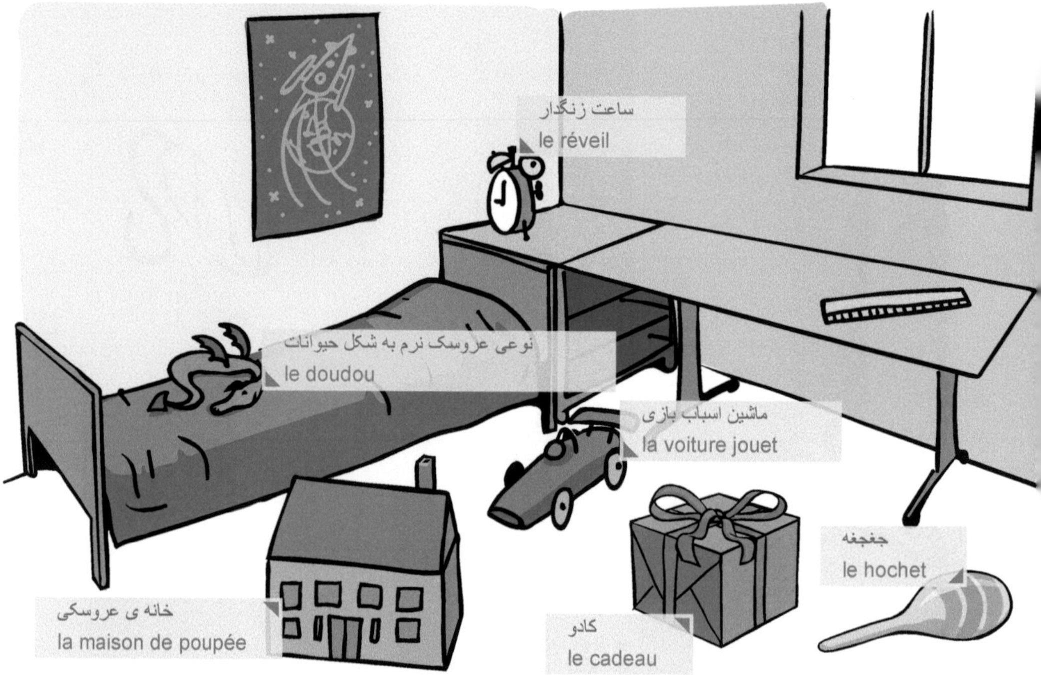

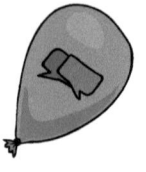

بادکنک

le ballon

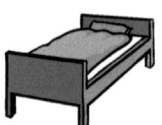

تخت خواب

le lit

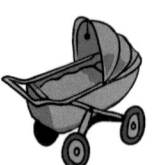

کالسکه بچه

la poussette

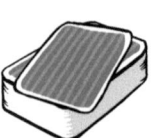

بازی ورق

le jeu de cartes

پازل

le puzzle

SUPER
MEGA

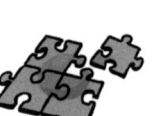

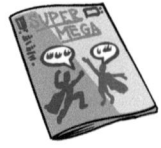

داستان مصور

la bande dessinée

اسباب بازی لگو

les pièces lego

خانه سازی

les blocs de construction

عروسک شخصیت های فیلم و کارتون

la figurine

لباس نوزاد

la grenouillère

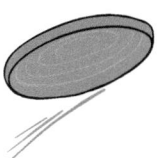

فریزبی

le frisbee

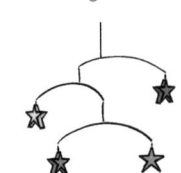

نوعی اسباب بازی که روی تخت نوزاد
یا کودک نصب می شود

le mobile

بازی روی صفحه

le jeu de société

تاس

le dé

قطار اسباب بازی

le train miniature

پستانک

la sucette

مهمانی

la fête

کتاب مصور

le livre d'images

توپ

la balle

عروسک

la poupée

بازی کردن

jouer

جعبه شنی مخصوص بازی کودکان

le bac à sable

تاب

la balançoire

اسباب بازی

les jouets

کنسول بازی های کامپیوتری

la console de jeu

سه چرخه

le tricycle

خرس عروسکی

l'ours en peluche

کمد لباس

l'armoire

لباس

les vêtements

جوراب

les chaussettes

جوراب زنانه ساق بلند

les bas

جوراب شلواری

le collant

شال
l'écharpe

چتر
le parapluie

تی شرت
le t-shirt

کمربند
la ceinture

پوتین
les bottes

دمپایی
les pantoufles

کفش ورزشی کتانی
les baskets

صندل
....
les sandales

کفش
....
les chaussures

چکمه پلاستیکی
....
les bottes de caoutchouc

شرت
....
les sous-vêtements

سوتین
....
le soutien-gorge

جلیقه
....
le maillot de corps

بادی

le body

شلوار

le pantalon

جین

le jean

دامن

la jupe

بلوز

le chemisier

پیراهن

la chemise

پولیور

le pull

سویی شرت

le sweat à capuche

نوعی کت

la veste

ژاکت

la veste

کت بلند

le manteau

بارانی

l'imperméable

لباس نمایش

le costume

لباس

la robe

لباس عروس

la robe de mariée

کت و شلوار

le costume

لباس خواب زنانه

la chemise de nuit

پیژامه

le pyjama

ساری

le sari

روسری

le foulard

عمامه

le turban

برقع

la burqa

قبا

le caftan

عبا

l'abaya

لباس شنا

le maillot de bain

شرت شنا

le maillot de bain

شلوارک

le short

لباس ورزشی

la tenue d'entraînement

پیشبند

le tablier

دستکش

les gants

دکمه

le bouton

عینک

les lunettes

دستّبند

le bracelet

گردنبند

le collier

انگشتر

la bague

گوشواره

la boucle d'oreille

کلاه لبه دار

le bonnet

چوب لباسی

le cintre

کلاه

le chapeau

کراوات

la cravate

زیپ

la fermeture éclair

کلاه ایمنی

le casque

بند شلوار

les bretelles

لباس مدرسه

l'uniforme scolaire

لباس فرم

l'uniforme

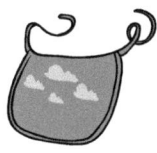

پیش بند بچه

le bavoir

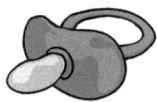

پستانک

la sucette

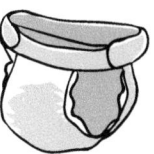

پوشک بچه

la lange

اداره

le bureau

سرور
le serveur
کمد نگهداری پرونده
l'armoire d'archivage
چاپگر
l'imprimante
کاغذ
le papier
مانیتور
l'écran
میز تحریر
le bureau
ماوس
la souris
زونکن
le classeur
صفحه کلید
le clavier
سبد کاغذ باطله
la corbeille à papier
کامپیوتر
l'ordinateur
صندلی
la chaise

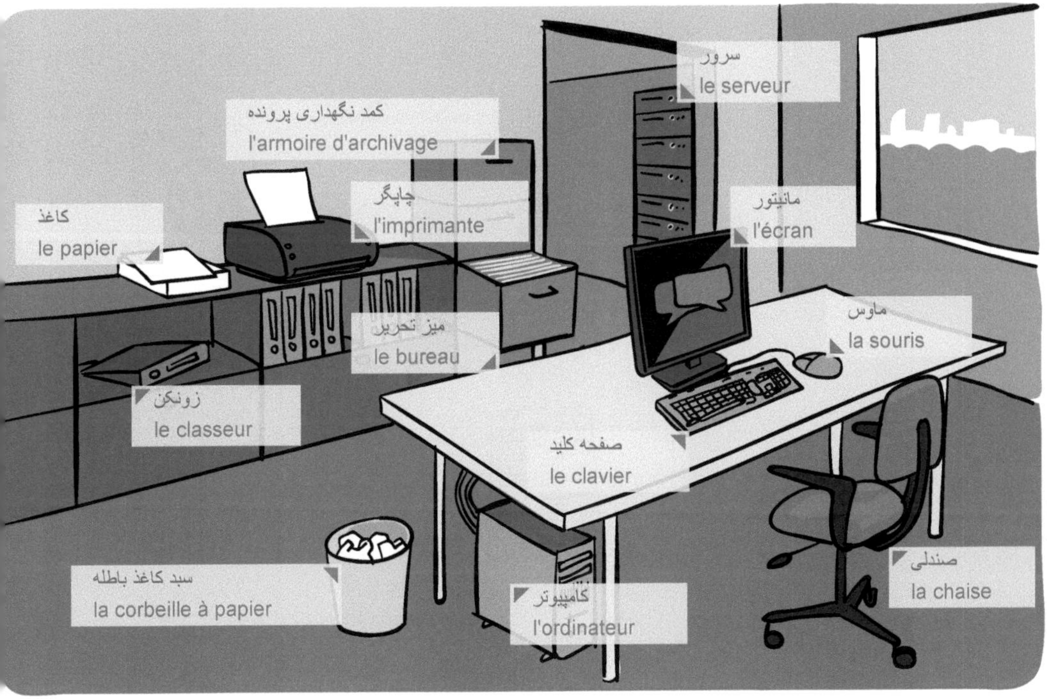

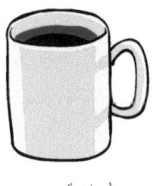

لیوان قهوه

la tasse de café

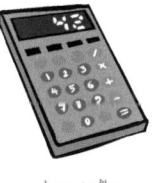

ماشین حساب

la calculatrice

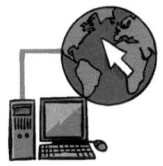

اینترنت

l'internet

لپ تاپ

l'ordinateur portable

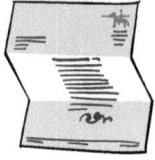

نامه

la lettre

پیغام

le message

تلفن همراه

le portable

شبکه ی ارتباطی

le réseau

دستگاه فتوکپی

la photocopieuse

نرم افزار

le logiciel

تلفن

le téléphone

پریز

la prise

دستگاه فاکس

le fax

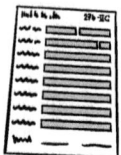

فرم

le formulaire

مدرک

le document

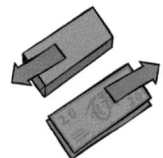

خریدن

acheter

پرداخت کردن

payer

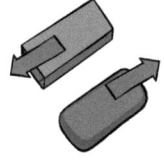

تجارت کردن

faire du commerce

پول

la monnaie

دلار

le dollar

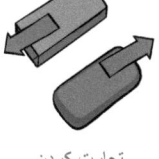

یورو

l'euro

ین

le yen

روبل

le rouble

فرانک سوئیس

le franc suisse

یوان رنمینبی

le renminbi yuan

روپیه

la roupie

دستگاه خودپرداز

le distributeur automatique

صرافى

le bureau de change

طلا

l'or

نقره

l'argent

نفت

le pétrole

انرژى

l'énergie

قیمت

le prix

قرارداد

le contrat

مالیات

la taxe

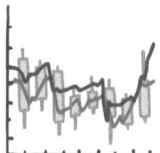

سهام سرمایه

l'action

کار کردن

travailler

کارمند

l'employé

کارفرما

l'employeur

کارخانه

l'usine

مغازه

le magasin

مشاغل

les professions

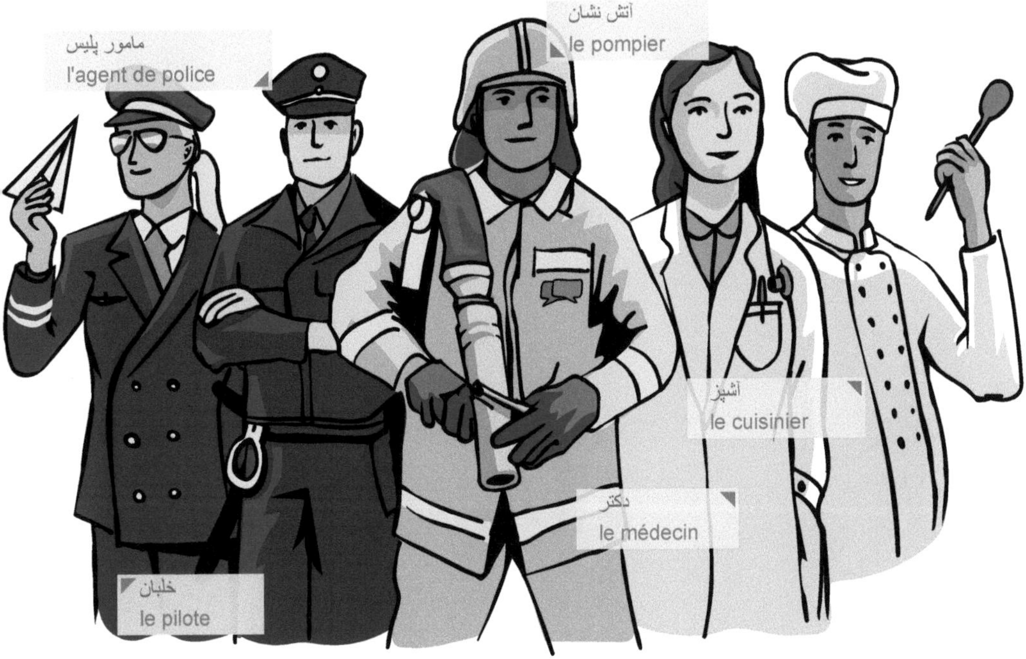

مامور پلیس
l'agent de police
آتش نشان
le pompier
آشپز
le cuisinier
دکتر
le médecin
خلبان
le pilote

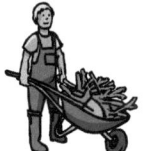

باغبان

....

le jardinier

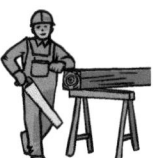

نجار

....

le menuisier

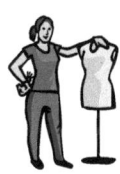

خیاط زنانه

....

la couturière

قاضی

....

le juge

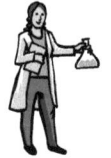

شیمیدان

....

le chimiste

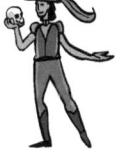

بازیگر

....

l'acteur

راننده اتوبوس

le conducteur de bus

راننده تاکسی

le chauffeur de taxi

ماهیگیر

le pêcheur

نظافتچی زن

la femme de ménage

سقف ساز

le couvreur

پیشخدمت رستوران

le serveur

شکارچی

le chasseur

نقاش

le peintre

نانوا

le boulanger

برقکار

l'électricien

کارگر ساختمانی

l'ouvrier

مهندس

l'ingénieur

قصاب

le boucher

لوله کش

le plombier

پستچی

le facteur

سرباز

le soldat

معمار

l'architecte

صندوقدار

le caissier

گل فروش

le fleuriste

آرایشگر

le coiffeur

مامور کنترل بلیط در قطار

le contrôleur

مکانیک

le mécanicien

ناخدا

le capitaine

دندانپزشک

le dentiste

دانشمند

le scientifique

عالم یهودی

le rabbin

امام

l'imam

راهب

le moine

کشیش

le prêtre

ابزارآلات

les outils

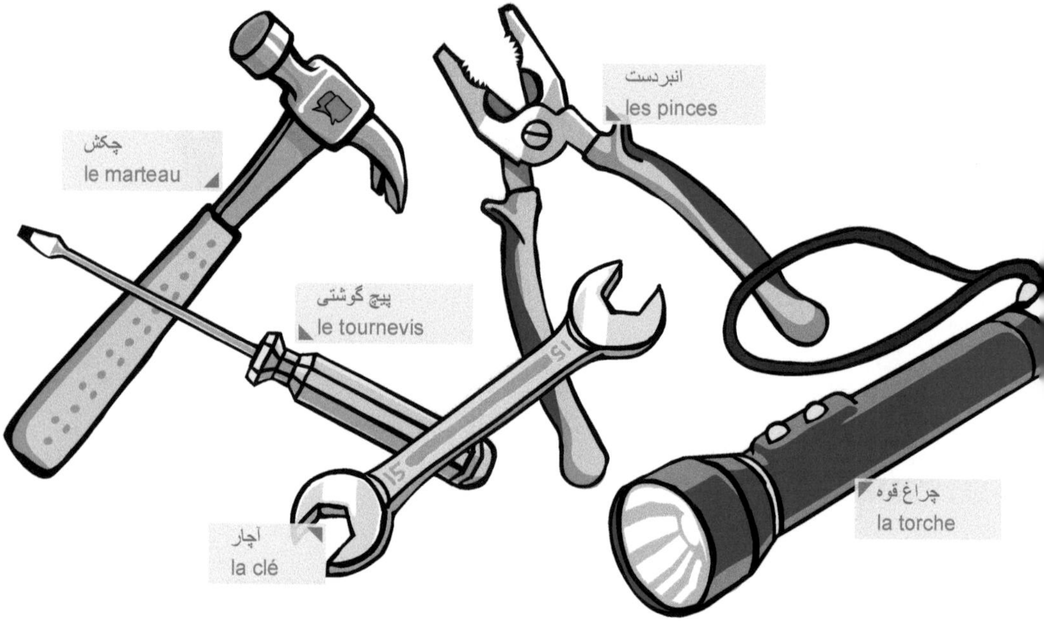

چکش
le marteau
انبردست
les pinces
پیچ گوشتی
le tournevis
آچار
la clé
چراغ قوه
la torche

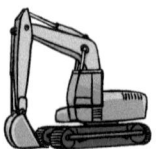

بیل مکانیکی
....
la pelleteuse

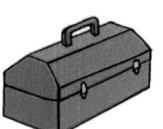

جعبه ابزار
....
la boîte à outils

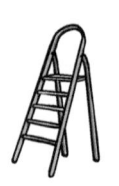

نردبان
....
l'échelle

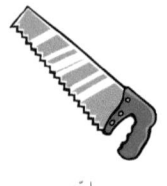

ارّه
....
la scie

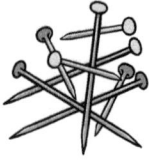

میخ
....
les clous

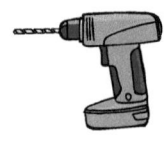

مته
....
la perceuse

تعمیر کردن
réparer

بیل
la pelle

لعنتی!
Mince !

خاک انداز
la pelle

سطل رنگرزی
le pot de peinture

پیچ
les vis

آلات موسیقی
les instruments de musique

بلندگو
le haut-parleurs

درامز
la batterie

گیتار
la guitare

کنترباس
la contrebasse

ترومپت
la trompette

پیانو

le piano

ویولن

le violon

گیتار بیس

la basse

تیمپانی

les timbales

طبل

le tambour

کیبورد الکتریک

le piano électrique

ساکسیفون

le saxophone

فلوت

la flûte

میکروفون

le microphone

باغ وحش
le zoo

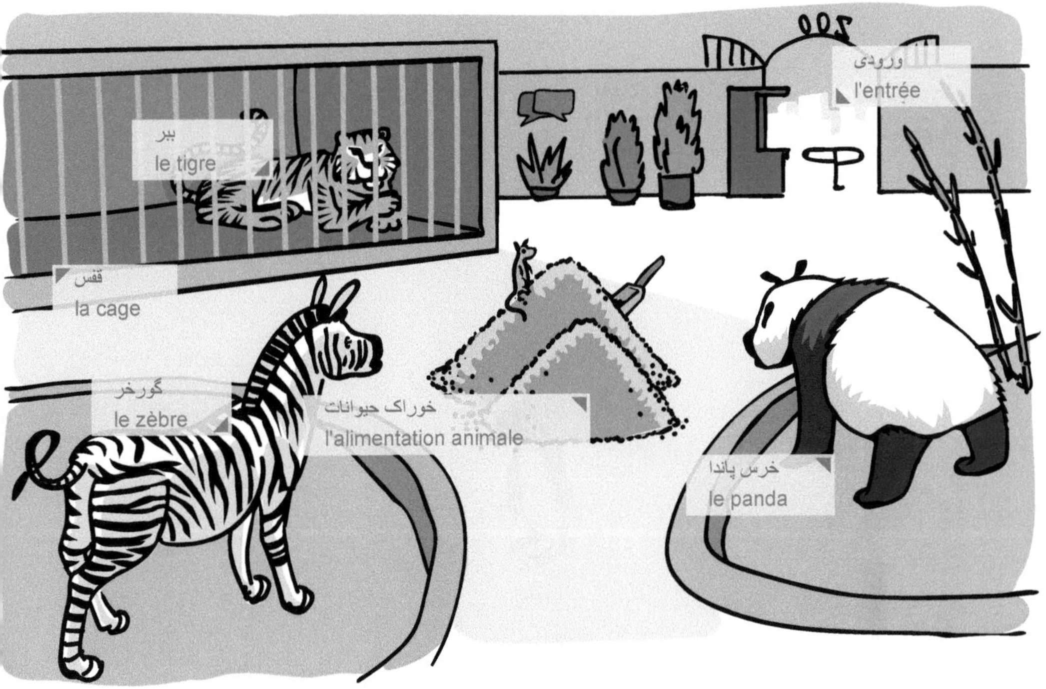

zoo
ورودی
l'entrée
ببر
le tigre
قفس
la cage
گورخر
le zèbre
خوراک حیوانات
l'alimentation animale
خرس پاندا
le panda

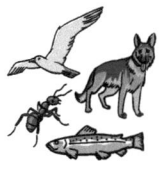

حیوانات

les animaux

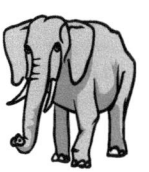

فیل

l'éléphant

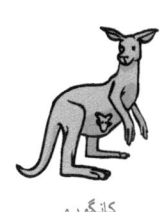

کانگورو

le kangourou

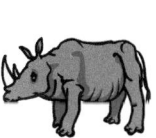

کرگدن

le rhinocéros

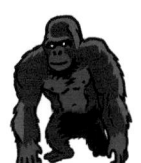

گوریل

le gorille

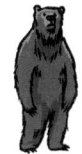

خرس

l'ours

شتر

le chameau

شترمرغ

l'autruche

شیر

le lion

میمون

le singe

فلامینگو

le flamand rose

طوطی

le perroquet

خرس قطبی

l'ours polaire

پنگوئن

le pingouin

کوسه

le requin

طاووس

le paon

مار

le serpent

تمساح

le crocodile

نگهبان باغ وحش

le gardien de zoo

خوک آبی

le phoque

پلنگ امریکایی

le jaguar

اسب کوچک

le poney

پلنگ

le léopard

اسب آبی

l'hippopotame

زرافه

la girafe

عقاب

l'aigle

گراز

le sanglier

ماهی

le poisson

لاک پشت

la tortue

شیرماهی

le morse

روباه

le renard

غزال

la gazelle

les sports

فوتبال آمریکایی
l'american Football

دوچرخه سواری
le cyclisme

تنیس
le tennis

بسکتبال
le basket-ball

شنا
la natation

بوکس
la boxe

هاکی روی یخ
le hockey sur glace

فوتبال
le football

بدمینتون
le badminton

دوومیدانی
l'athlétisme

هندبال
le handball

اسکی
le ski

پولو
le polo

پریدن
sauter

بغل کردن
embrasser

خندیدن
rire

راه رفتن
marcher

آواز خواندن
chanter

رؤیا دیدن
rêver

دعا کردن
prier

بوسیدن
faire la bise

نوشتن

écrire

رسم کردن

dessiner

نشان دادن

montrer

هل دادن

pousser

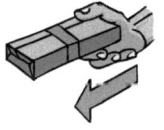

دادن

donner

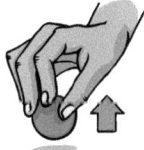

برداشتن

prendre

داشتَن
....
avoir

انجام دادن
....
faire

بودن
....
être

ایستادن
....
être debout

دویدن
....
courir

کشیدن
....
trier

پرتاب کردن
....
jeter

افتادن
....
tomber

دراز کشیدن
....
être couché

منتظر بودن
....
attendre

حمل کردن
....
porter

نشستن
....
être assis

لباس پوشیدن
....
s'habiller

خوابیدن
....
dormir

بیدار شدن
....
se réveiller

تماشا کردن

regarder

گریه کردن

pleurer

نوازش کردن

caresser

شانه کردن

peigner

حرف زدن

parler

فهمیدن

comprendre

پرسیدن

demander

شنیدن

écouter

آشامیدن

boire

خوردن

manger

مرتب کردن

ranger

عاشق بودن

aimer

پختن

cuire

رانندگی کردن

conduire

پرواز کردن

voler

قایقرانی کردن

faire de la voile

محاسبه کردن

calculer

خواندن

lire

یاد گرفتن

apprendre

کار کردن

travailler

ازدواج کردن

se marier

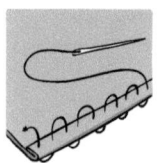

دوختن

coudre

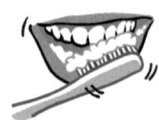

مسواک زدن

brosser les dents

کشتن

tuer

سیگار کشیدن

fumer

فرستادن

envoyer

خانواده
la famille

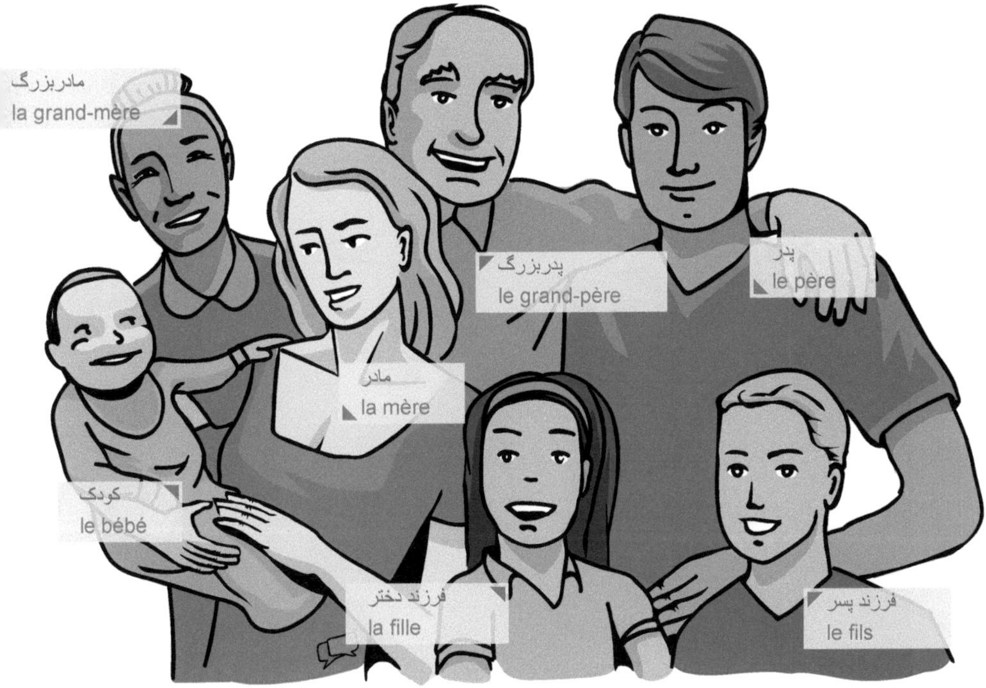

مادربزرگ
la grand-mère
پدربزرگ
le grand-père
پدر
le père
مادر
la mère
کودک
le bébé
فرزند دختر
la fille
فرزند پسر
le fils

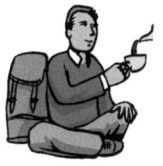

مهمان
....
l'hôte

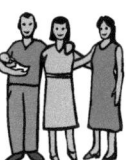

خاله، عمه
....
la tante

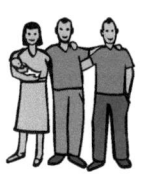

دایی، عمو
....
l'oncle

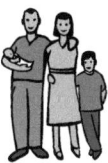

برادر
....
le frère

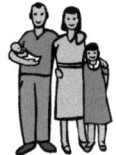

خواهر
....
la sœur

le corps

بیشانی
le front

چشُم
l'œil

شانه
l'épaule

انگشت دست
le doigt

صورت
le visage

چانه
le menton

دست
la main

سینه
la poitrine

ساق پا
la jambe

بازو
le bras

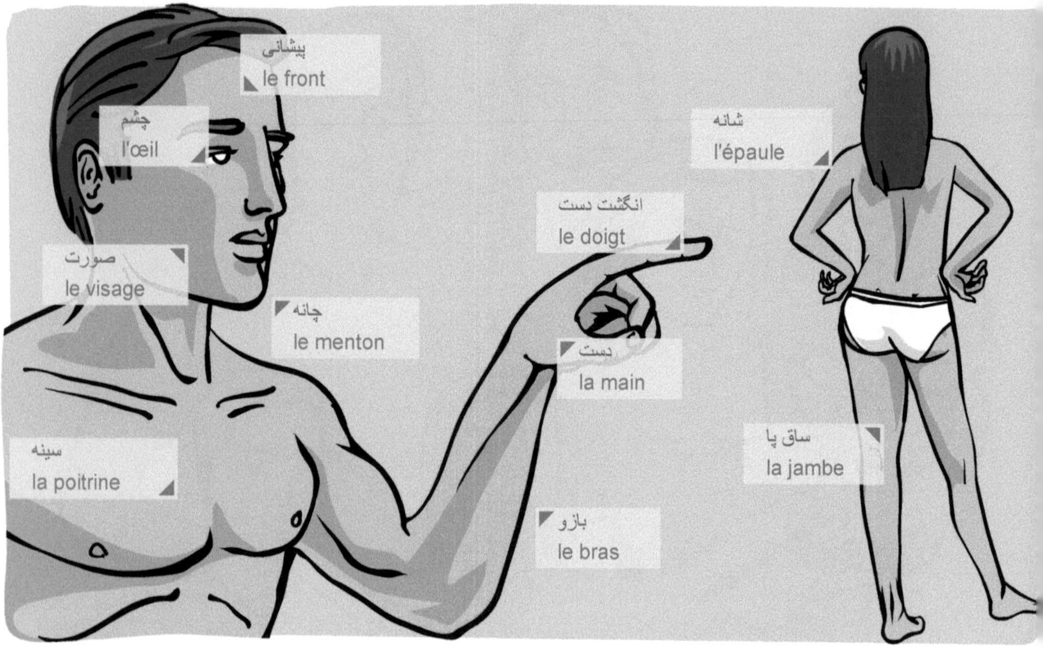

کودک
le bébé

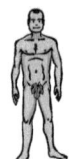

مرد
l'homme

زن
la femme

دختربچه
la fille

پسربچه
le garçon

کله
la tête

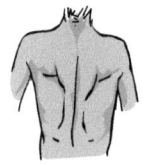

كمر
....
le dos

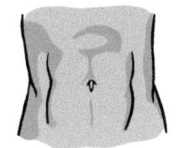

شکم
....
le ventre

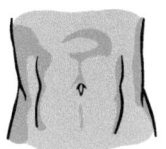

ناف
....
le nombril

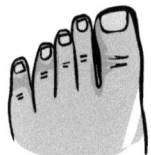

انگشت پا
....
l'orteil

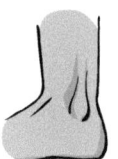

پاشنه
....
le talon

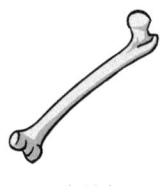

استخوان
....
l'os

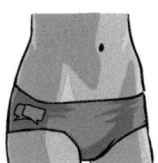

لگن
....
la hanche

زانو
....
le genou

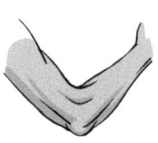

آرنج
....
le coude

بینی
....
le nez

نشیمنگاه
....
les fesses

پوست
....
la peau

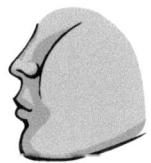

گونه
....
la joue

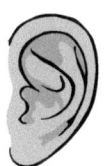

گوش
....
l'oreille

لب
....
la lèvre

دهان
....
la bouche

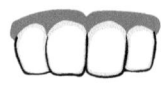

دندان
....
la dent

زبان
....
la langue

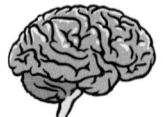

مغز
....
le cerveau

قلب
....
le cœur

عضله
....
le muscle

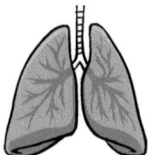

ریه
....
les poumons

کبد
....
le foie

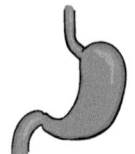

معده
....
l'estomac

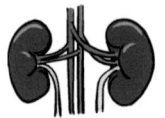

کلیه
....
les reins

آمیزش جنسی
....
le rapport sexuel

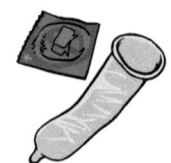

کاندوم
....
le préservatif

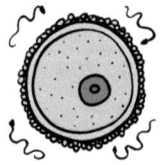

تخمک
....
l'ovule

اسپرم
....
le sperme

حاملگی
....
la grossesse

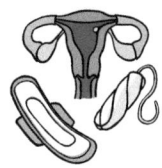

پریود
....

la menstruation

واژن
....

le vagin

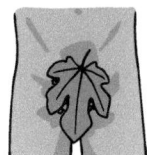

آلت تناسلی مرد
....

le pénis

ابرو
....

le sourcil

مو
....

les cheveux

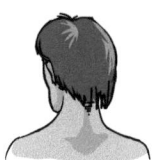

گردن
....

le cou

بیمارستان
l'hôpital

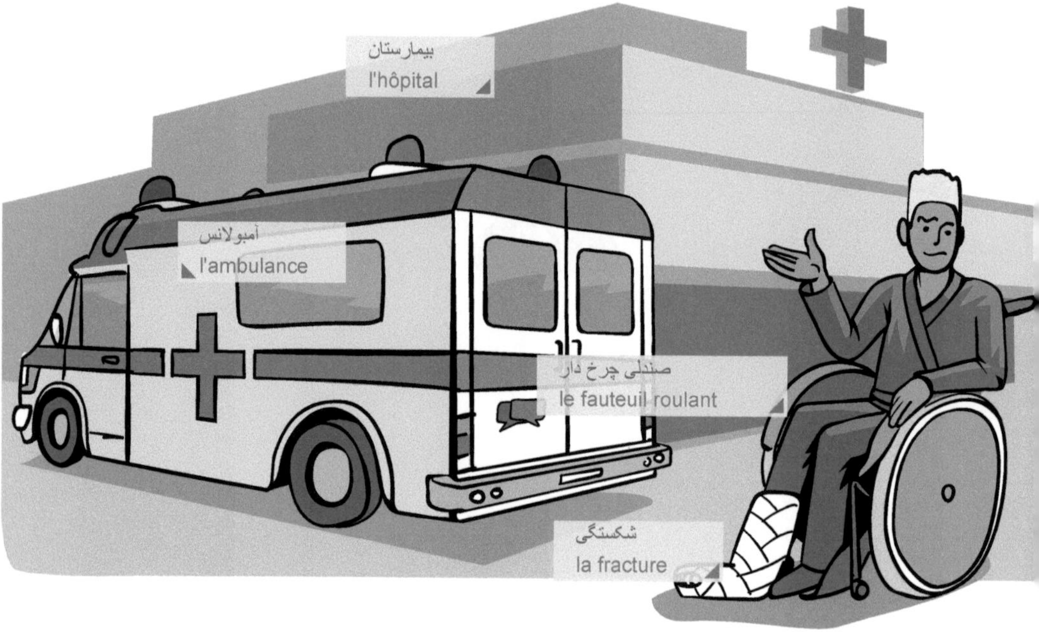

بیمارستان
l'hôpital
آمبولانس
l'ambulance
صندلی چرخ دار
le fauteuil roulant
شکستگی
la fracture

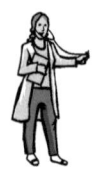

دکتر
le médecin

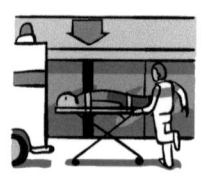

بخش اورژانس
le service des urgences

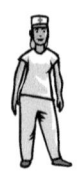

پرستار
l'infirmière

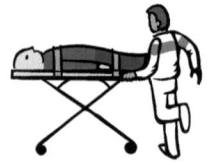

موقعیت اضطراری
l'urgence

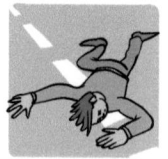

بی هوش
inconscient

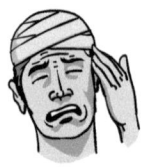

درد
la douleur

بيت‌ومصدوم

la blessure

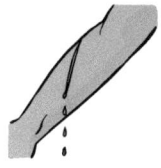

خونريزى

l'hémorragie

سكته قلبى

la crise cardiaque

سكته مغزى

l'attaque cérébrale

آلرژى

l'allergie

سرفه

la toux

تب

la fièvre

آنفولانزا

la grippe

اسهال

la diarrhée

سردرد

le mal de tête

سرطان

le cancer

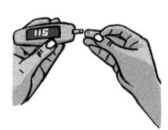

ديابت

le diabète

جراح

le chirurgien

چاقوى جراحى

le scalpel

عمل جراحى

l'opération

سی تی اسکن

le CT

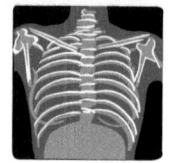

پرتونگاری

la radiographie

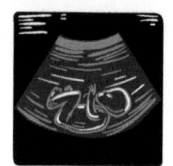

سونوگرافی

l'échographie

ماسک صورت

le masque

بیماری

la maladie

اتاق انتظار

la salle d'attente

چوب زیر بغل

la béquille

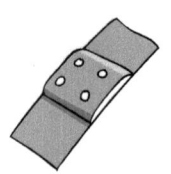

چسب زخم

le pansement

پانسمان

le pansement

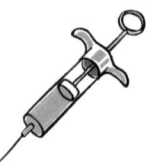

تزریق

l'injection

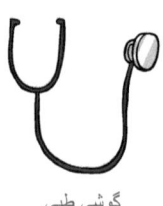

گوشی طبی

le stéthoscope

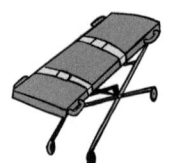

برانکار

le brancard

دماسنج

le thermomètre

زایش

l'accouchement

اضافه وزن

la surcharge pondérale

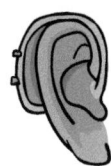

سمعک
l'appareil auditif

ماده ضد غفونی کننده
le désinfectant

عفونت
l'infection

ویروس
le virus

اچ آی وی / ایدز
le VIH / le sida

دارو
le médicament

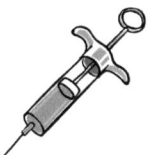

واکسیناسیون
la vaccination

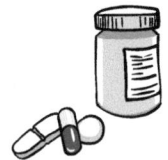

قرص
les comprimés

قرص ضد حاملگی
la pilule

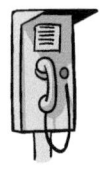

تماس اظطراری
l'appel d'urgence

دستگاه اندازه گیری فشارخون
le tensiomètre

مریض / سالم
malade / sain

کمک!

Au secours !

آژیر خطر

l'alarme

حمله

l'assaut

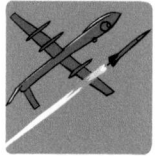

حمله ی فیزیکی

l'attaque

خطر

le danger

خروج اظطراری

la sortie de secours

آتش

Au feu!

کپسول آتش‌نشانی

l'extincteur

تصادف

l'accident

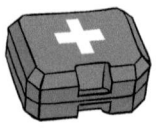

جعبه کمک های اولیه

la trousse de premier secours

درخواست کمک

SOS

پلیس

la police

اروپا

l'Europe

آمریکای شمالی

l'Amérique du Nord

آمریکای جنوبی

l'Amérique du Sud

آفریقا

l'Afrique

آسیا

l'Asie

استرالیا

l'Australie

اقیا نوس اطلس

l'Océan atlantique

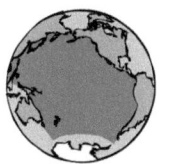

اقیانوس آرام

l'Océan pacifique

اقیانوس هند

l'Océan indien

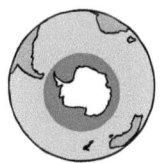

اقیا نوس اطلس جنوبی

l'Océan antarctique

اقیانوس منجمد شمالی

l'Océan arctique

قطب شمال

le Pôle nord

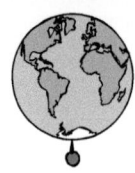

قطب جنوب
....
le Pôle sud

قاره قطب جنوب
....
l'Antarctique

كره زمين
....
la terre

سرزمين
....
le pays

دريا
....
la mer

جزيره
....
l'île

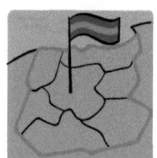

ملت
....
la nation

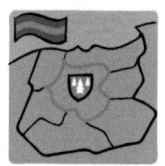

كشور
....
l'état

صفحه ى ساعت

le cadran

ساعت شمار

l'aiguille des heures

دقیقه شمار

l'aiguille des minutes

ثانیه شمار

l'aiguille des secondes

ساعت چند است؟

Quelle heure est-il ?

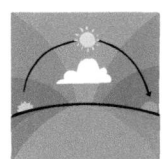

روز

le jour

زمان

le temps

اکنون

maintenant

ساعت دیجیتال

la montre digitale

دقیقه

la minute

ساعت

l'heure

la semaine

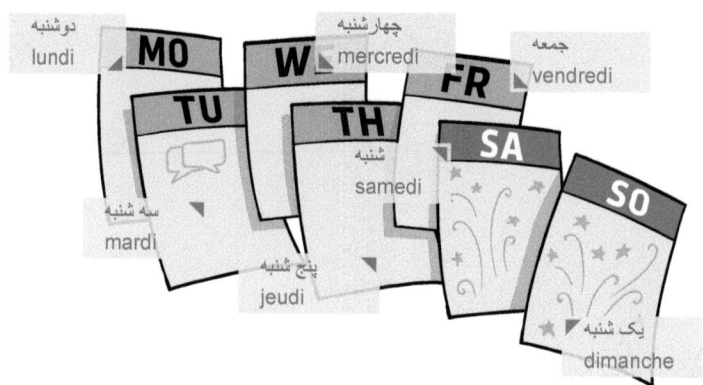

دوشنبه
lundi

چهارشنبه
mercredi

جمعه
vendredi

شنبه
samedi

سه شنبه
mardi

پنج شنبه
jeudi

یک شنبه
dimanche

دیروز
....
hier

امروز
....
aujourd'hui

فردا
....
demain

صبح
....
le matin

ظهر
....
le midi

غروب
....
le soir

MO	TU	WE	TH	FR	SA	SU
1	2	3	4	5	6	7
8	9	10	11	12	13	14
15	16	17	18	19	20	21
22	23	24	25	26	27	28
29	30	31	1	2	3	4

روزهای کاری
....
les jours ouvrables

MO	TU	WE	TH	FR	SA	SU
1	2	3	4	5	6	7
8	9	10	11	12	13	14
15	16	17	18	19	20	21
22	23	24	25	26	27	28
29	30	31	1	2	3	4

آخر هفته
....
le week-end

باران
▶ la pluie

رنگین کمان
▶ l'arc-en-ciel

برف
▶ la neige

باد
le vent

بهار
le printemps

پاییز
l'automne

تابستان
l'été

زمستان
l'hiver

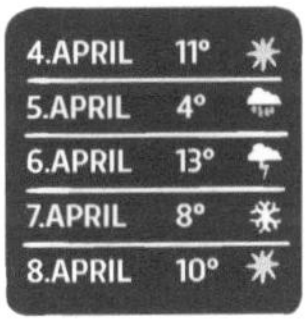

4.APRIL	11°	☀
5.APRIL	4°	☁
6.APRIL	13°	☔
7.APRIL	8°	☀
8.APRIL	10°	☀

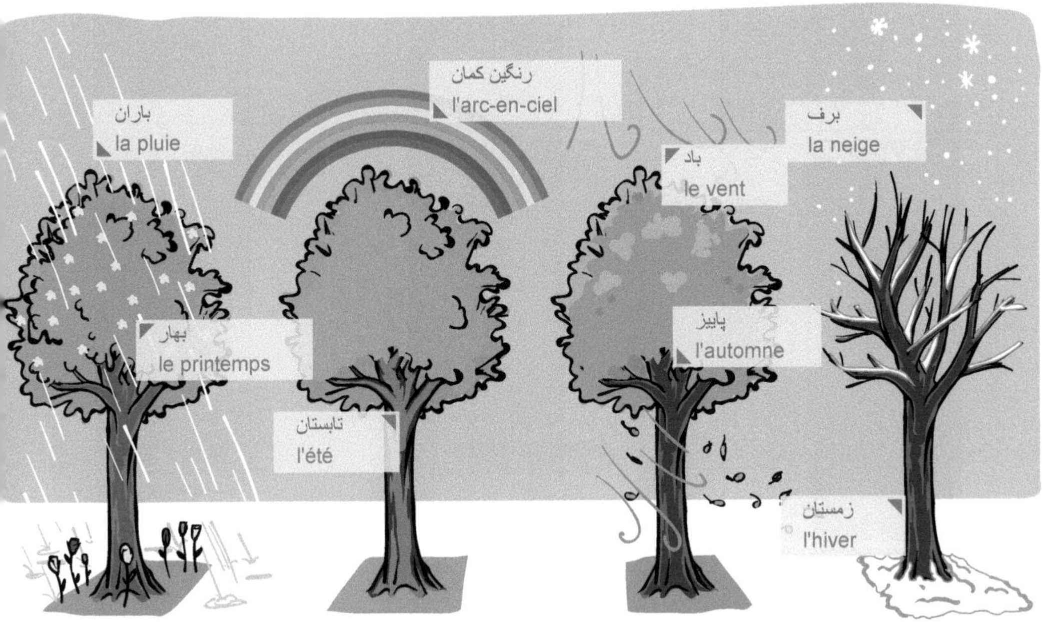

پیش‌بینی اوضاع جوی
la météo

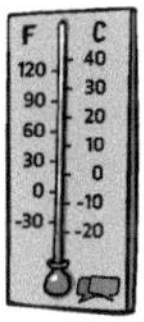

دماسنج
le thermomètre

تابش آفتاب
la lumière du soleil

ابر
le nuage

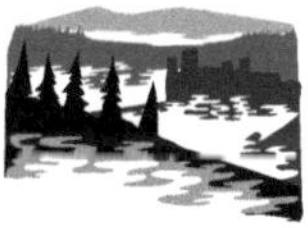

مه
le brouillard

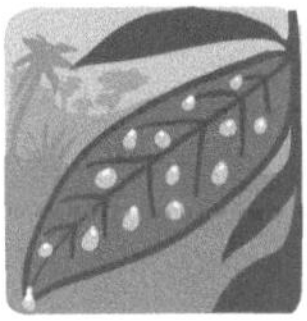

رطوبت هوا
l'humidité

صاعقه

la foudre

آسمان غره

la tonnerre

طوفان

la tempête

تگرگ

la grêle

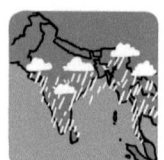

باد موسمی

la mousson

سیل

l'inondation

یخ

la glace

ژانویه

janvier

فوریه

février

مارس

mars

آوریل

avril

مه

mai

ژوئن

juin

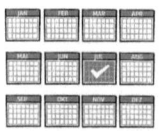

ژوئیه

juillet

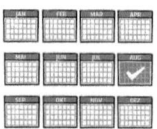

آگوست

août

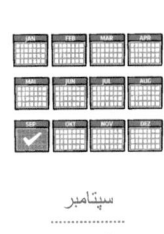

سپتامبر
....
septembre

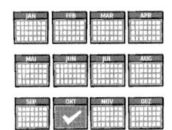

اكتبر
....
octobre

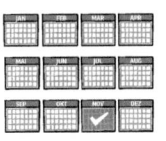

نوامبر
....
novembre

دسامبر
....
décembre

اَشكال

les formes

دايره
....
le cercle

مربع
....
le carré

مستطيل
....
le rectangle

سه‌گوش
....
le triangle

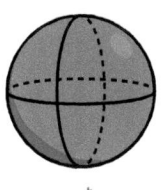

گره
....
la sphère

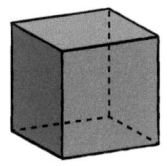

مكعب مربع
....
le cube

سفید

blanc

زرد

jaune

نارنجی

orange

صورتی

rose

قرمز

rouge

بنفش

violet

آبی

bleu

سبز

vert

قهوه ای

marron

خاکستری

gris

سیاه

noir

خیلی / کم

beaucoup / peu

خشمگین / آرام

fâché / calme

زیبا / زشت

joli / laid

شروع / پایان

le début / la fin

بزرگ / کوچک

grand / petit

روشن / تیره

clair / obscure

برادر / خواهر

frère / soeur

تمیز / آلوده

propre / sale

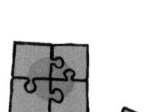

کامل / ناقص

complet / incomplet

روز / شب

le jour / la nuit

مرده / زنده

mort / vivant

پهن / باریک

large / étroit

قابل خوردن / غیر قابل خوردن

comestible / incomestible

غضبناک / مهربان

méchant / gentil

هیجان زده / بی حوصله

excité / ennuyé

چاق / لاغر

gros / mince

اولین / آخرین

le premier / le dernier

دوست / دشمن

l'ami / l'ennemi

پر / خالی

plein / vide

سفت / نرم

dur / souple

سنگین / سبک

lourd / léger

گرسنگی / تشنگی

faim / soif

مریض / سالم

malade / sain

غیرقانونی / قانونی

illégal / légal

باهوش / خنگ

intelligent / stupide

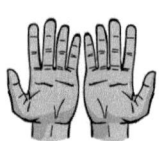

چپ / راست

gauche / droite

نزدیک / دور

proche / loin

نو / استفاده شده

nouveau / usé

هیچ چیز / چیزی

rien / quelque chose

پیر / جوان

vieux / jeune

روشن / خاموش

marche / arrêt

باز / بسته

ouvert / fermé

آهسته / بلند

faible / fort

ثروتمند / فقیر

riche / pauvre

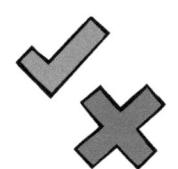

درست / غلط

correct / incorrect

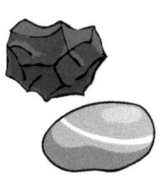

زبر / صاف

rugueux / lisse

غمگین / خوشحال

triste / heureux

کوتاه / بلند

court / long

کند / تند

lent / rapide

تر / خشک

mouillé / sec

گرم / خنک

chaud / froid

جنگ / صلح

la guerre / la paix

les nombres

0	**1**	**2**
صفر	یک	دو
zéro	un / une	deux
3	**4**	**5**
سه	چهار	پنج
trois	quatre	cinq
6	**7**	**8**
شش	هفت	هشت
six	sept	huit
9	**10**	**11**
نه	دَه	یازده
neuf	dix	onze

12

دوازده

douze

13

سیزده

treize

14

چهارده

quatorze

15

پانزده

quinze

16

شانزده

seize

17

هفده

dix-sept

18

هجده

dix-huit

19

نوزده

dix-neuf

20

بیست

vingt

100

صد

cent

1.000

هزار

mille

1.000.000

میلیون

le million

انگلیسی

l'anglais

انگلیسی آمریکایی

l'anglais américain

چینی ماندارین

le chinois mandarin

هندی

le hindi

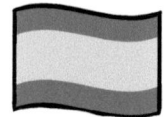

اسپانیایی

l'espagnol

فرانسوی

le français

عربی

l'arabe

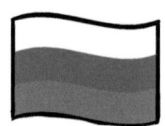

روسی

le russe

پرتغالی

le portugais

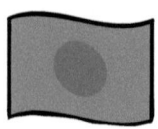

بنگالی

le bengali

آلمانی

l'allemand

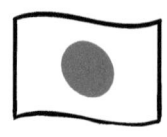

ژاپنی

le japonais

من

je

تو

tu

او

il / elle / ce, c', cela

ما

nous

شما

vous

أنها

ils / elles

چه کسی؟ کی؟

Qui ?

چی؟

Quoi ?

چگونه؟

Comment ?

کجا؟

Où ?

کی؟

Quand ?

نام

le nom

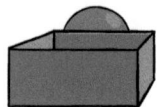

پشت

derrière

توی

dans

جلو

devant

بالای

au-dessus

روی

sur

زیر

en-dessous

مجاور

à côté de

بین

entre

مکان

le lieu